Für Anne

von Oma E.

und Opa G.

Seehausen, d. 25. 5. 2002

Reise durch

PARIS

Bilder von

Horst und Tina Herzig

Texte von

Ralf Nestmeyer

Stürtz Verlag · Würzburg

INHALT

P A R I S IST EIN

Die Dichter haben es schon immer gewusst: „Riens ne se peut comparer a Paris!" Mit diesen Worten feierte bereits im 14. Jahrhundert der Dichter Eustache Deschamps in einer Ballade die Einzigartigkeit der Stadt an der Seine und er nannte anschließend auch andere Metropolen beim Namen, denen sie den Rang abgelaufen hatte: Babylon, Troja, Rom und Florenz. Nichts bliebe bestehen vor dem Glanz von Paris und „selbst alle Städte, die jemals sein werden, werden sich mit dir, einzige, nicht vergleichen können".

Daran hat sich bis heute nichts geändert. Paris ist die erklärte Lieblingsmetropole der Müßiggänger und Flaneure, wenngleich der Paris-Mythos seinen Höhepunkt im 19. Jahrhundert erlebte, als er mit dem Mythos der Moderne zusammenfiel. Unzählige Künstler und Literaten haben sich von der „Schönen" an der Seine in ihren Bann ziehen lassen. Von seinen Eindrücken überwältigt, rief Henry Miller aus: „Die Straßen singen, die Steine sprechen. Die Häuser triefen von Geschichte, Ruhm und Romantik."

Trotz aller Modernität ist Paris eine Ansammlung von Dörfern mit mehr oder weniger klangvollen Namen geblieben. Egal ob Marais, Montmartre, Saint-Germaindes-Prés, Montparnasse, Saint-Julien-le-Pauvre oder Belleville – jedes „Dorf" für

FEST FÜRS LEBEN

sich bildet eine eigene Welt, die oft gegensätzlicher nicht sein könnte. So haben die vornehm-distinguierten Viertel im Pariser Westen, im Volksmund kurz „NAP" (Neuilly, Auteuil und Passy) genannt, mit den exotischen Stadtteilen wie Ménilmontant und Belleville kaum mehr gemein als den gleichen Preis für ein Baguette.

PARIS – DAS ZENTRUM DER WELT

Nun, ernsthaft Paris als das Zentrum der Welt zu betrachten, wäre wohl vermessen. Doch gibt es mit Sicherheit kein anderes europäisches Land, dessen Leben so sehr auf die Hauptstadt ausgerichtet ist. Victor Hugo brachte es auf den Punkt: „Alles, was anderswo ist, ist in Paris!" Und richtig, seit alters her strömen die Menschen aus allen Teilen des Landes nach Paris. „On monte à Paris" – man steigt nach Paris hinauf –, sagen die Provinzler ehrfurchtsvoll. Nur die wenigsten Pariser sind in der Seine-Metropole geboren. Der Käsehändler ist Normanne, der Gymnasiallehrer stammt aus Poitiers, die Schuhverkäuferin aus der Auvergne, und der Rechtsanwalt ist Bretone. Die Verbindungen zur heimatlichen Region sind nicht abgerissen, manche fahren jedes Wochenende nach „Hause", andere verbringen zumindest ihren Urlaub in der Provinz, in der die meisten Besserverdienenden ein Häuschen im Grünen besitzen.

MULTIKULTURELLER SCHMELZTIEGEL

Paris ist auch eine Stadt der Exilanten aus aller Herren Länder. Im Laufe der letzten eineinhalb Jahrhunderte fanden zahllose Deutsche, Italiener, Griechen, Armenier, Russen und Algerier an der Seine eine Zuflucht. Gegenwärtig ist Paris nicht nur die wichtigste kulturelle Drehscheibe Schwarzafrikas. Manche Stadtviertel, wie das Quartier Belleville, sind wahre kosmopolitische Schmelztiegel mit der Atmosphäre eines orientalischen Basars. Christen, Juden und Muslime leben weitestgehend einträchtig nebeneinander. Doch das bunte Leben zwischen den Falafel-Ständen, Couscous-Buden und Chawarma-Restaurants täuscht darüber hinweg, dass die meisten Immigranten in den Armenvierteln des Pariser Nordosten

*Es gibt in Paris zahl-
reiche Möglichkeiten,
einen Blick über die
Dächer der Stadt zu
werfen, die schönste und
umfassendste Aussicht
bietet sich aber immer
noch vom Eiffelturm.*

ein klägliches Dasein fristen. Ein großer Teil
der Wohnungen besitzt weder eine Dusche
noch eine Badewanne. Zwar sind in Belleville, Ménilmontant und Barbès-Roche-
chouart Sanierungsprojekte geplant und
teilweise schon durchgeführt worden, doch
werden dadurch oftmals nur die Ärmsten in
die tristen Schlafstädte der Banlieue abge-
drängt.

Das Viertel zwischen Porte d'Italie,
Porte d'Ivry und Place d'Italie ist das „gol-
dene Dreieck" von Paris. Ursprünglich war
nämlich das von Hochhäusern geprägte
Wohnviertel des 13. Arrondissements für die
junge städtische Mittelschicht konzipiert,
doch diese verschmähte den Hochhauspark
„Les Olympiades". In den leer stehenden
Wohnungen fanden dann Mitte der siebziger
Jahre zahlreiche Vietnamesen, Laoten und
Kambodschaner Zuflucht, die durch die
Kriegswirren aus den einstigen französischen
Kolonien Indochinas vertrieben worden wa-
ren. Einwanderer aus Thailand, Hongkong
und China folgten und verwandelten „Les
Olympiades" innerhalb kürzester Zeit in eine
schrille, bunte Chinatown.

RIVE GAUCHE –
RIVE DROÎTE

Paris wird von der Seine in zwei Hälf-
ten geteilt: Während das rechte Ufer, Rive
Droîte, der Seine seit je her als das Verwal-
tungs- und Wirtschaftszentrum der Stadt
gilt, haben die Universitäten traditionell
ihren Sitz am linken Ufer, Rive Gauche.
Doch die Trennung von Macht und Glanz
gegenüber intellektueller Bohème lässt sich
inzwischen eigentlich nicht mehr aufrechter-
halten. Am rechten Ufer befinden sich zwar
immer noch die Börse, die großen Boulevards und Kaufhäuser, so zum Beispiel die
„Galeries Lafayette" und die Designerbou-
tiquen der Haute Couture, wie auch der
Amtssitz des Staatspräsidenten, das Palais de
l'Elysée. Aber auch der Louvre, das Centre
Pompidou und die Künstlerateliers des Bastilleviertels sind hier vertreten. Am linken
Ufer der Seine wacht zwar die Sorbonne seit
dem Mittelalter über den geistigen Werde-

gang ihrer Absolventen, gleichwohl hat dort auch der französische Senat seinen Sitz im Palais de Luxembourg und die Nationalversammlung tagt im Palais Bourbon.

JÜDISCHES PARIS

Zwischen Centre Pompidou und der Place de la Bastille befindet sich das jüdische Viertel von Paris, dessen Ursprünge bis ins frühe 13. Jahrhundert zurückreichen. Nur ein kleines Stück abseits der großen Boulevards taucht man in den engen Gassen rund um die Rue des Rosiers, gewissermaßen die jüdische „Hauptstraße" in eine fremde Welt mit besonderem Flair. Orthodoxe Juden mit schwarzen Hüten, langen Bärten und bis zu den Füßen reichenden Kaftanen schlendern zwischen orientalischen Spezialitätengeschäften und koscheren Metzgereien. Das Restaurant Jo Goldenberg ist eine in ganz Paris bekannte Adresse für Liebhaber der koscheren Küche. Erlesene, selbstverständlich koschere Feinkost findet man auch bei Florence Finkelsztajn. Nur am Samstag, dem Sabbat, ist das jüdische Viertel verwaist und die Geschäfte sind geschlossen. Die Straßen füllen sich erst wieder nach Einbruch der Dunkelheit mit Leben, denn der Sonnenuntergang und nicht die Uhrzeit läutet traditionsgemäß das Ende der Sabbat-Ruhe ein.

»STURM« AUF DIE BASTILLE

Einst bliesen die Revolutionäre zum Sturm auf die Bastille. Heute sind es die Szenegänger, die allabendlich zur Place de la Bastille strömen und das Viertel im „Sturm" erobern. Optischer Fixpunkt ist die Opéra de la Bastille. Von seinen Kritikern wird das mit 2700 Plätzen größte Musiktheater der Welt auch verächtlich als gestrandeter Ozeandampfer tituliert. Für den Bau der gigantischen Volksoper wurde der alte Bahnhof von Vincennes abgerissen, denn François Mitterrand konnte sich anlässlich der bevorstehenden Feierlichkeiten des 200. Revolutionsjubiläums keinen symbolkräftigeren Ort vorstellen als die Place de la Bastille, wo 200 Jahre zuvor die Französische Revolution ihren spektakulären Anfang genommen hatte. Zudem galt die Gegend als volkstümliches Viertel, also genau der richtige Platz für eine Oper ohne bürgerlich-elitären Charakter. Die Pläne zu dem wuchtigen Komplex stammten von dem kanadischen Architekten Carlos Ott, bei der Ausführung fehlte es al-

lerdings an der handwerklichen Sorgfalt. So verhindern Netze, dass Passanten durch gelegentlich herabfallende Fassadenverkleidung verletzt werden.

Durch den Bau der Oper wurde das Flair des Bastilleviertels nachhaltig verändert. Früher bestimmten fast ausschließlich kleine Handwerksbetriebe das Straßenbild rund um die Place de la Bastille und in den schmalen, unregelmäßigen Gassen gab es einst viele Kohle- und Holzhandlungen, was darin begründet war, dass ein großer Teil der Bewohner aus der bäuerlichen Auvergne stammte. Dann funktionierten Künstler die leer stehenden Fabrikhallen in den verwinkelten Hinterhöfen zu Ateliers um, Szenekneipen und Galerien sind nachgezogen und verdrängten die alteingesessenen Geschäfte. Inzwischen können sich aber auch die Künstler die Mieten für ihre Ateliers kaum mehr leisten, denn in Yuppiekreisen gilt es als chic, im 12. Arrondissement ein Loft zu besitzen. Es verwundert daher auch kaum, dass kein Geringerer als Jean-Paul Gaultier unlängst in der Rue du Faubourg-Saint-Antoine eine Boutique eröffnet hat und entlang der Avenue Daumesnil Einrichtungsdesigner unter den Arkaden eines alten Eisenbahnviadukts ihre schrillen Kreationen zu ansehnlichen Preisen feilbieten. Nur wenige Straßenzüge entfernt zeigt sich das 12. Arrondissement noch immer von seiner kleinbürgerlichen Seite. Wer beispielsweise am Vormittag über den Marché d'Aligre auf dem gleichnamigen Platz schlendert, trifft zwischen den Käse-, Obst- und Fischständen ein ganz anderes Publikum.

DAS HERZ VON PARIS

Der Mittelpunkt der Stadt ist die Ile Saint-Louis. Mit ihren stillen Gassen und den vielen Cafés und Bistros strahlt die Insel ein fast dörfliches Flair aus – eine Oase inmitten der Millionenstadt, zentral und doch zugleich isoliert. Die Ile Saint-Louis bestand ursprünglich aus zwei getrennten Inseln, die bis ins frühe 17. Jahrhundert hinein noch unbewohnt waren. Die Nachbarinsel zur Ile de la Cité hieß Ile Notre-Dame, die andere wegen der auf ihr weidenden Kühe Ile aux Vaches. Erst unter Ludwig XIII. wurde der die beiden Inseln trennende Seinearm zugeschüttet. Die neu geschaffene Insel erhielt später den Namen Ile Saint-Louis, da Louis IX.(Ludwig IX.), genannt der Heilige, auf den Seine-Inseln häufig gebetet haben soll.

Nachdem knapp zehn Meter hohe Quais zum Schutz vor Hochwasser errichtet worden waren, begann eine planmäßige Bebauung im klassizistischen Stil. Diese architektonische Geschlossenheit setzt sich bis zum harmonischen Ineinandergleiten der Fassaden fort. Trotz des einheitlichen Erscheinungsbildes ist eine soziale Differenz nicht zu übersehen. Die vornehme Bourgeoisie wohnt seit je her entlang der Seinequais, vorzugsweise im Ostteil der Insel, der Rest der Bevölkerung im Inselinneren. Wegen ihrer dichten Bebauung bezeichnete der Dichter Louis Aragon die Ile Saint-Louis einst treffend als „Steinschiff". Genau besehen handelt es sich aber um ein brüchiges Gestein, das inzwischen mit Betonstützen fester „verankert" werden muss.

Die Atmosphäre auf der Insel ist faszinierend. Wer auf der Ile Saint-Louis aufgewachsen ist, hält ihr in der Regel ein Leben lang die Treue. Doch es gibt mittlerweile auch zahlreiche Neubürger, da die Mieten für die alteingesessenen Inselbewohner kaum mehr zu bezahlen sind. Zu den prominentesten Insulanern gehört Georges Moustaki, der sich auf der von der Seine umspülten Insel an das heimatliche Mittelmeer erinnert fühlt. Seit den sechziger Jahren, als die Ile Saint-Louis in Mode kam, vollzog sich ein umgreifender Strukturwandel. Die alteingesessenen Malergeschäfte und Metzgereien wurden von Galerien und Restaurants verdrängt und die Wäschereien, für die die Insel einst berühmt war, sind mittlerweile verschwunden. Doch welches Pariser Viertel wurde nicht irgendwann im Laufe der Zeit entdeckt und verändert?

VORNEHMES MARAIS

Ursprünglich war das Marais eine unwirtliche Gegend – „Marais" bedeutet „Sumpf" – am Rande der Hauptstadt. Doch nachdem das Gebiet im Spätmittelalter trockengelegt worden war, stieg es zur vornehmsten Wohngegend der Stadt auf. Mitglieder der aristokratischen Führungsschicht ließen sich hier ihre Stadtpaläste errichten. Madame de Sévigné beispielsweise empfing ihre Besucher im Hôtel Carnavalet, in dem heute das Stadtmuseum von Paris zu finden ist. Auch der schönste Platz von Paris, die Place des Vosges, liegt im Marais. Der rechteckige Platz wird von 36 identischen zweistöckigen Pavillons mit roten Ziegelsteinfassaden und hoch aufragenden Schieferdächern eingerahmt. Nur der Pavillon des Königs an der Südseite und der gegenüberliegende Pavillon der Königin überragen die anderen Häuser als Ausdruck des hierarchischen Standesbewusstseins um ein Stück.

Angesichts dieser aristokratischen Eleganz erscheint es kaum mehr vorstellbar, dass die Häuser an der Place des Vosges zu Beginn des 20. Jahrhunderts völlig heruntergekommen waren und einem Armenviertel glichen. 1924 fand hier ein junger, fast mittelloser Belgier namens Georges Simenon im Haus Nummer 21, das einst Kardinal Richelieu bewohnt hatte, eine günstige Parterrewohnung. Simenons Nachbar soll übrigens ein pfeiferauchender und huttragender Doktor gewesen sein, der unter seinem richtigen Namen Maigret wenig später seinen Einzug in die Literaturgeschichte nahm.

Erst auf Veranlassung des damaligen Kultusministers André Malraux wurde die historische Bausubstanz des Marais in den sechziger Jahren unter Denkmalschutz gestellt und umfassend saniert. Zahlreiche adelige Stadtpalais wie das Hôtel de Sully und das Hôtel Salé wurden seither aufwendig restauriert und einer musealen Nutzung zugeführt. Das Marais ist dadurch zu einem der beliebtesten Viertel der Stadt aufgestiegen – was sich auch auf die Immobilienpreise niedergeschlagen hat.

EINE STADT ALS GESAMTKUNSTWERK

Seit der Errichtung der ersten Stadtmauer durch König Philippe Auguste (1180 - 1223) sind fast alle französischen Herrscher und Staatsoberhäupter bemüht gewesen, das Stadtbild von Paris nach ihren Vorstellungen zu gestalten. Heinrich IV. schenkte der Stadt mit dem Pont-Neuf die erste unbebaute Brücke und ließ die Place des Vosges anlegen, während sich Ludwig XIV. um die Place Vendôme und die Place des Victoires verdient machte. Napoleon schließlich wollte aus Paris ein zweites Rom machen und feierte die Siege seiner Grande Armée in bester römischer Tradition mit dem monumentalen Arc de Triomphe. Seinem Neffen Napoleon III. oblag es, die französische Hauptstadt grundlegend zu verschönern und sie zur „Königin der Welt" zu machen. Unter Federführung des Präfekten Baron George Eugène Haussmann erhielt

Beim Angeln an der Seine stehen Spaß und Entspannung im Vordergrund.

Paris zwischen 1853 und 1870 ein modernes Stadtbild mit breiten Boulevards, Avenues und Parkanlagen, aber auch neue Wasserleitungen und ein dringend benötigtes Kanalisationssystem (1832 und 1849 forderten zwei verheerende Choleraepidemien zehntausende Todesopfer).

Um seine weitreichenden Pläne verwirklichen zu können, ließ Haussmann rund 28 000 Häuser abreißen, ohne Rücksicht auf die historische Bausubstanz zu nehmen. Das vorrangige Ziel war nicht etwa, durch die Anlage breiter Straßen den Bau von Barrikaden unmöglich und die Kavallerie beweglicher zu machen, nein, Haussmann war ein Bürokrat und Technologe der Macht, ein spießbürgerlicher Zyniker, der mit unnachgiebigem Eifer an seinem Traum von einem „schöneren" Paris arbeitete. Er ließ Schneisen in das mittelalterliche Dickicht schlagen, um die Stadt für den Verkehr zu öffnen, Bürgersteige anlegen und er verbannte die Industrie in die Vororte. Vor allem dem Westen der Hauptstadt galt seine Aufmerksamkeit. Mit urbanistischer Theatralik richtete er die „mit dem Säbel angelegten Straßen" (Zola) sternförmig zum Arc de Triomphe hin aus und hat dabei „das Gesicht der Stadt schneller verändert als das Herz einer Sterblichen" (Baudelaire). Ganz nebenbei machte Haussmann die Stadt zur internationalen Touristenattraktion. Paris wurde zum Inbegriff der modernen Großstadt.

BAUEN FÜR DIE EWIGKEIT

Georges Pompidou ließ das mittlerweile nach ihm benannte Centre Beaubourg, einen futuristischen Ausstellungspalast mit nach außen gekehrten „Eingeweiden", errichten, während Giscard d'Estaing den Umbau eines stillgelegten Bahnhofs am Seineufer zum Musée d'Orsay forcierte. Doch dann kam François Mitterrand und übertraf seine Amtsvorgänger um Längen. Wie vor ihm nur Baron Haussmann hat er in seinen beiden Amtsperioden das Antlitz der französischen Hauptstadt verändert. Angefangen mit der für die Revolutionsfeierlichkeiten von 1989 errichteten Bastille-Oper über die spektakuläre Glaspyramide im Louvre bis hin zur gigantischen Grande Arche im supermodernen Büroviertel La Défense trug der geschichtsbewusste Mitterrand höchstpersönlich dafür Sorge, dass sein Name auch künftigen Generationen leicht von den Lippen geht. Von ein paar „kleineren" Projekten, wie dem Institut

Der Chor von Notre-Dame ist ein filigranes gotisches Kunstwerk, in dem die Ile de la Cité einen würdevollen Abschluss findet.

du Monde Arabe und dem wie eine abgebrochene Brücke in der Seine stehenden Finanzministerium, soll gar nicht die Rede sein. Geld spielte keine Rolle, ließ Mitterrand doch zum Ruhme der Nation, und natürlich auch zu seinem eigenen, bauen. Den Schlusspunkt setzte „Dieu" –"Gott", wie Mitterrand ehrfurchtsvoll-zynisch genannt wurde, mit der Grande Bibliothèque Nationale de France, deren gläserne Türme an aufgeschlagene Bücher erinnern sollen.

VILLES NOUVELLES

Der Bau der Trabantenstädte Cergy-Pontoise im Nordwesten von Paris, Saint-Quentin-en-Yvelines im Südwesten, Marne-la-Vallée im Osten, Melun-Sénart im Südosten und Ivry im Süden ist der Versuch, den ungebrochenen Zuzug in den Pariser Großraum in den Griff zu bekommen und zugleich die Grundlagen für einen zukunftsweisenden Urbanismus zu schaffen. Die „Neuen Städte" sollen Wohnraum, Arbeitsplätze und attraktive Freizeitanlagen bieten, aber gleichwohl Verwaltungs- sowie Kulturzentren sein. Da viele Familien, die durch die hohen Mieten aus dem Zentrum hinausgedrängt wurden, nur über ein bescheidenes Einkommen verfügen, war auch eine neue Dimension des sozialen Wohnungsbaus gefragt. Man wollte vermeiden, dass es zu ähnlichen sozialen Konflikten kommt wie in den tristen Vorstädten der Pariser „Banlieue", unter denen hauptsächlich die Jugendlichen zu leiden haben. Insbesondere die Kinder der nordafrikanischen Einwanderer haben es dort schwer: in Frankreich gelten sie als Menschen zweiter Klasse und das Herkunftsland ihrer Eltern kennen sie nur aus deren Erzählungen. Drogen, Gewalt, Vandalismus und Rassismus gehören daher zum Alltag der Häuserschluchten von Sarcelles und Garges-la-Gonesse. In Saint-Quentin-en-Yvelines, einer der Villes Nouvelles, wurden mit den „Arcades du Lac" erfolgreich klassische Architekturtraditionen mit den Bedürfnissen des sozialen Wohnungsbaus in Einklang gebracht.

Die Villes Nouvelles entwickelten sich von Anfang an zu einer Spielwiese für renommierte Städtebauer und Architekten wie Ricardo Bofill, Manolo Nuñez, Roland Castro und Mario Botta. Über das eine oder andere spektakuläre Bauwerk lässt sich vorzüglich streiten, so beispielsweise über die Arènes de Picasso, ein scheibenförmiges Gebäude mit

achteckigen Fensteröffnungen, die im Volksmund „Camemberts" genannt werden. Auch die „weinenden" Türme von Nanterre und der Wohnkubus Abraxas erregen noch heute die Gemüter. Doch eines steht fest: Keine andere europäische Stadt zeigt sich gegenüber zeitgenössischen Architekturströmungen so aufgeschlossen wie Paris.

DAS PARIS DES 21. JAHRHUNDERTS

Während man in Berlin rückwärts blickt und das Hohenzollernschloss wiederauferstehen lassen will, plant Paris längst für das nächste Jahrtausend. Südöstlich der Gare d'Austerlitz entsteht im 13. Arrondissement ein neues Stadtviertel, das Paris des 21. Jahrhunderts. Auf einer Fläche von 130 Hektar, die sich von der Gare d'Austerlitz über drei Kilometer links der Seine bis zum Boulevard Périphérique erstreckt, wird bis zum Jahr 2025 im großen Stil abgerissen, gebaggert und gebaut. Die Bibliothèque Nationale de France ist bereits fertig gestellt, südlich davon ist ein neues Wohnviertel geplant. Dem Stararchitekten Christian de Portzamparc, der den Wettbewerb für das neue Quartier Masséna gewonnen hat, schwebt ein Wohnviertel vor, das die faszinierende Dichte der historischen Pariser Stadtteile besitzt. Mithilfe eines flexiblen Parzellenrasters und maximal achtgeschossigen Bauten soll Platz für städtische Erholungsräume bleiben: öffentliche Freiflächen verschiedener Größe, Durchgänge, Abkürzungen sowie von der Straße uneinsehbare private Gärten. Über den zur Gare d'Austerlitz führenden Gleisanlagen soll die Avenue de France in zehn Meter Höhe als moderner Prachtboulevard errichtet werden. Nun, die nächsten Jahrzehnte werden zeigen, ob sich Portzamparcs urbane Träume in die Realität umsetzen lassen ...

Seite 22/23:
Die weiße, im „Zuckerbäckerstil" errichtete Basilika Sacré-Cœur ist das weithin sichtbare Wahrzeichen des Montmartre.

Seite 24/25:
Auf einer Strecke von rund vier Kilometern, verteilt auf das rechte und linke Flussufer der Seine sowie rund um die Ile de Cité, bieten die 245 Bouquinisten in ihren Metallkisten edle Gedichtbände, Taschenbücher sowie alte Postkarten feil.

ILE DE LA CITÉ

Die Ile de la Cité ist der historische Kern von Paris. Bereits um 250 v. Chr. siedelte sich hier der keltische Stamm der Parisii an und auch die Römer wussten die schützende Lage der Insel zu schätzen, um hier ihre Verwaltung einzurichten.

Die Ile de la Cité ist die Keimzelle der französischen Hauptstadt und sieht Victor Hugo zufolge aus, „wie ein großes Schiff, das sich der Stromrichtung nach im Schlamm festgefahren hat und nun gescheitert beinahe mitten in der Seine liegt". Auf der leicht zu verteidigenden Seineinsel errichteten bereits die Parisii, ein gallisches Fischer- und Jägervolk, ihre Holzhütten. Nach ihrem Sieg über die Gallier nahmen dann die Römer von der Insel Besitz.

Auf der Altstadtinsel stehen mit dem als Conciergerie bezeichneten mittelalterlichen Königspalast und der Kathedrale Notre-Dame zwei besonders geschichtsträchtige Bauwerke. Victor Hugo hat mit seinem Roman über den buckligen Glöckner Quasimodo und die schöne Zigeunerin Esmeralda eine regelrechte Begeisterung für die „französische Mutterkirche" ausgelöst, durch die die Kathedrale vor dem weiteren Verfall gerettet werden konnte. Das Interesse für das Mittelalter währte nur kurz. Nur zwei Jahrzehnte später erhielt die Ile de la Cité durch die städteplanerischen Maßnahmen des Baron Haussmann ein vollkommen neues Gesicht. Die alte Bausubstanz wurde bis auf wenige Ausnahmen abgerissen, um Platz für ein zeitgenössisches Verwaltungsviertel zu schaffen. Seit Haussmanns Radikalschlag ist die Ile de la Cité so gut wie tot. Es gibt kaum mehr Geschäfte und Wohnhäuser, der Vorplatz der Kathedrale wirkt trotz Touristenmassen weit und leer. Einzig der Marché des Fleurs setzt mit seinen Orchideen und Geranien bunte Akzente. Einen Eindruck, wie die Ile de la Cité vor der Ära Haussmann ausgesehen hat, bieten nur noch ein paar Häuser nördlich der Kathedrale und zwei Häuserzeilen an der Westspitze der Insel, die 1601 infolge einer Anordnung Heinrich IV. gebaut wurden. Diese, einen dreieckigen Platz einrahmenden Häuser gelten als die ersten planmäßig errichteten Wohnquartiere von Paris.

Mehr als zehn Millionen
Gläubige und Touristen
strömen alljährlich in
die Kathedrale Notre-
Dame, die damit das am
meisten besuchte
Denkmal Frankreichs
ist. Der Grundstein
wurde 1163 gelegt und
die Kirche nach mehr-
fachen Änderungen
1340 vollendet.

Links:
Es lohnt sich der Aufstieg zur Plattform des Südturms, von der man das mächtige Strebewerk der Kirche von oben betrachten kann und natürlich auch einen herrlichen Blick über die Stadt hat.

Das mächtige Gotteshaus geht auf eine frühchristliche Kirche zurück, die 1160 abgerissen wurde, um Platz für einem Neubau im Stil der Gotik zu schaffen. Besonders eindrucksvoll ist die Hauptfassade mit ihren drei Portalen, von denen wiederum das Mittelportal mit der fein gearbeiteten Darstellung des Jüngsten Gerichts hervorsticht. Die an der Fassade klebenden Chimären, sind skurrile Fabelwesen, die der Phantasie des 19. Jahrhunderts entsprungen sind.

kulturbeflissene Parisreisende an den Café-
tischen und träumen von den Zeiten, als
Louis Aragon im „La Coupole" die Bekanntschaft mit Elsa Triolet machte und Henry
Miller auf der Terrasse des „Sélect" mit Anaïs
Nin poussierte. Zu den Klassikern am Boulevard de Montparnasse gehörten auch das
1897 als bescheidene „Trinkhalle" eröffnete
„Café du Dôme", wo Sinclair Lewis und Wal-
ter Bondy verkehrten und das „La Rotonde",
in dem sich Lenin und Trotzki während des
Ersten Weltkriegs ihren politischen Visionen
hingaben. Von den Cafés am Boulevard
Saint-Germain lassen sich ebenso bemer-
kenswerte Ereignisse berichten. So machte
im „Deux Magots", in dem bereits Oscar
Wilde allmorgentlich frühstückte, Pablo
Picasso die Bekanntschaft von Dora Maar,
die für einige Zeit seine Geliebte wurde, und
im benachbarten „Café de Flore" brütete
André Breton über seinem surrealistischen
Manifest.

Am Anfang der Pariser
Café-Kultur stand das „Procope", das von
sich gar behauptet, das älteste Café der Welt
zu sein. Der Sizilianer Francesco Procopio
dei Coltelli ahnte als einer der ersten, wel-
chen Anklang der in Europa damals noch
kaum verbreitete Kaffee finden würde. Gegenüber der Comédie-Française eröffnete er
1686 ein noch heute existierendes Café, zu
dessen Stammgästen Montesquieu, Voltaire
und Rousseau genauso zählten wie später
Victor Hugo, Emile Zola und Honoré de

Balzac, der das Café als „das Parlament des
Volkes" charakterisierte. Auch die Tradition
des Cafés als öffentliche Schreibstube soll im
„Procope" begründet worden sein, denn
dort arbeiteten bereits Mitte des 18. Jahrhunderts Denis Diderot und Jean d'Alem-
bert an ihrer berühmten Enzyklopädie.

Ihre Glanzzeiten erlebten die Pariser
Cafés zwischen dem Ersten und Zweiten
Weltkrieg, als Ernest Hemingway in der
„Closerie des Lilas" seine weltberühmten
Kurzgeschichten schrieb, und in den fünf-
ziger Jahren, als die Existentialisten um
Jean-Paul Sartre im „Café de
Flore" ihre Debatten führten.
Am linken Ufer der Seine gibt
es immer noch ein gutes
Dutzend legendärer Cafés,
die sich großer Beliebtheit er-
freuen. Mit einem Unter-
schied: Anstelle der Dichter
und Denker sitzen heute

Dass es damals in den berühmten
Pariser Cafés bei weitem nicht so vornehm
zuging wie heute, beweist Henry Millers
surrealistische Schilderung des „Café du
Dôme" in seinem 1934 veröffentlichten
Roman „Wendekreis des Krebses": „Wenn
Ebbe ist und nur ein paar syphilitische Nixen
im Schlamm gestrandet zurückbleiben, sieht
das Dôme wie eine vom Wirbelwind heim-
gesuchte Schießbude aus. Alles verinnt lang-
sam im Abzugskanal. Etwa eine Stunde lang
herrscht Totenstille, während das Erbro-
chene aufgewischt wird. Plötzlich beginnen
die Bäume zu zwitschern. ... Der Augenblick

Unten links:
Das „Café de Flore" war der Treffpunkt der Existentialisten um Simone de Beauvoir, Jean-Paul Sartre und Albert Camus. Bereits

während des Zweiten Weltkriegs schrieb Sartre: „Simone de Beauvoir und ich haben uns im Flore mehr oder weniger häuslich niedergelassen."

Rechts und rechts unten:
1897 als „Trinkhalle" gegründet, entwickelte sich das „Café du Dôme" schnell zu einem der beliebtesten Treffpunkte am Boulevard du Montparnasse.

ist gekommen, die letzte Blase voll Urin auszuleeren. Der Tag kommt geschlichen wie ein Aussätziger."

Auch Jean-Paul Sartre und Simone de Beauvoir, deren Verbindung als das Musterbeispiel einer intellektuellen Beziehung gilt, teilten miteinander weniger das Bett als den Cafétisch. Da Sartre und Beauvoir niemals eine gemeinsame Wohnung besaßen, spielte sich das gemeinsame Leben der beiden vorzugsweise in den Pariser Cafés ab. „Als Lehrer mit nur wenig Geld lebte ich in einem Hotel", erinnerte sich Jean-Paul Sartre, „und wie alle Leute, die in Hotels wohnten, verbrachte ich den größten Teil des Tages im Café". Und als sich Sartre im Zweiten Welt-

krieg in deutscher Kriegsgefangenschaft befand, waren die Pariser Cafés für Simone de Beauvoir ein zweites Zuhause, denn dort hatte sie „das Gefühl, zu einer Familie zu gehören, und das bewahrt vor Depressionen". Nach Kriegsende trafen sich Jean-Paul Sartre und Simone de Beauvoir mit Albert Camus und Maurice Merleau-Ponty vorzugsweise im „Café de Flore" oder in der gegenüberliegenden „Brasserie Lipp" und begründeten dadurch den Ruf vom Saint-Germain-des-Prés als Treffpunkt der intellektuellen Elite.

Rechts und unten:
Die Place Dauphine gehört zu den beschaulichsten Ecken auf der Ile de la Cité. Der Dichter Malherbe sprach im 17. Jahrhundert von „dem schönsten und nutzlosesten Platz von ganz Paris." Entstanden ist der Platz durch die Trockenlegung und Verbindung dreier sumpfiger Seineinseln. Heinrich IV. verkaufte die Grundstücke an der Place Dauphine, um den Bau seines Lieblingsprojektes, des Pont Neuf, zu finanzieren.

Unten:
Anstelle des mittelalterlichen Judenviertels auf der Ile de la Cité – die Rue de la Juiverie wurde erst 1834 in Rue de la Cité umbenannt – trifft man heute auf einen Blumenmarkt, der sonntags durch einen Vogelmarkt ergänzt wird.

Seite 36/37:
Die westliche Spitze der Ile de la Cité nimmt der Square du Vert Galant ein. Der Name der romantischen Grünanlage erinnert an König Heinrich IV., der einst als „Schürzenjäger" berüchtigt war. Auf dem vorgelagerten Pont des Arts finden immer wieder anspruchsvolle Kunstausstellungen statt.

35

Links und unten:
Etwas versteckt und abgeschlossen hinter den Mauern und goldverzierten Toren des Justizpalastes liegt die mittelalterliche Doppelkapelle Sainte Chapelle, ein

wahres kunsthistorisches Kleinod. Ludwig der Heilige hat sie 1245 als Palastkapelle errichten lassen, um die in Byzanz erworbenen Reliquien – darunter auch die „echte" Dornenkrone

Christi und ein Stück des Kreuzes – zu verwahren; die obere Kapelle war nur für den König und seinen Hofstaat bestimmt. Während der Revolution funktionierten die Franzosen die

Kapelle kurzerhand zum Mehlspeicher um, später bewahrte man dann in den gotischen Mauern Akten auf. Erst 1837 wurde die Kirche renoviert und der Öffentlichkeit zugänglich gemacht.

Ganz unten:
Ähnlich wie die Glasfenster zitiert das hochgotische Portal von Sainte Chapelle die gesamte Ikonographie des Mittelalters mit Christus als Weltenrichter.

Seite 40/41:

Die faszinierende, durch die Glasfenster hervorgerufene Atmosphäre, die der Oberkirche von Sainte Chapelle eine ungewöhnliche Leichtigkeit verleiht, bewog einen Zeitgenossen Ludwig des Heiligen zu folgender Feststellung: „Beim Eintreten meint man, im Himmel zu sein, und man bildet sich zu Recht ein, in eines der schönsten Zimmer des Paradieses geführt worden zu sein."

Neben Notre-Dame (Mitte) und Sainte Chapelle (unten) ist die Conciergerie (oben) das dritte bedeutende historische Monument auf der Insel. Die wuchtigen Rundtürme aus dem 14. Jahrhundert erinnern noch daran, dass in der Conciergerie einst die Karpetingerkönige residierten. Während den Wirren der Revolution hielt man hier mehr als 2700 Verurteilte gefangen, darunter auch Robespierre, Danton und die Königin Marie Antoinette.

43

RIVE DROÎTE

Die Place du Tertre, ein ehemals verträumter Dorfplatz, ist das touristische Herz des Montmartre. Tagsüber fest in der Hand von Landschafts- und Porträtmalern, laden abends mehrere Restaurants zum kulinarischen Streifzug.

Das rechte Ufer der Seine ist seit Jahrzehnten dem stärksten Wandel unterworfen. Mehrere städtebauliche Großprojekte haben diesen Stadtteil von Paris nachhaltig verändert. Am eindrucksvollsten ist sicherlich die große Achse, die sich vom neugestalteten Louvre über die Place de la Concorde, die Champs-Elysées und den Arc de Triomphe bis hinaus nach La Défense zieht. Nicht zu vergessen ist aber auch die anlässlich des 200. Revolutionsjubiläums eingeweihte Opéra de la Bastille, durch die sich der umliegende Bezirk zum nächtlichen Szeneviertel entwickelte.

Manchmal sind es auch kleine Details, die eine große Wirkung haben. Der Ehrenhof des Palais Royal, ein beschauliches Karree mit aristokratischem Touch, erhielt beispielsweise durch die schwarz-weiß gestreiften Säulen des Schweizer Künstlers Daniel Buren ein besonderes Flair, da die Säulen einen spannungsreichen Gegensatz zu dem altehrwürdigen Palais bilden.

Dem von Sacré-Cœur gekrönten Maler-Stadtviertel Montmartre verhalfen Toulouse-Lautrec, Renoir, Degas, Picasso, Braque und Modigliani zur Unsterblichkeit. Der angrenzende Boulevard de Clichy mit seinen Peepshows, Pornoshops und Videotheken gehört heute zu den berühmt-berüchtigten Adressen von Paris.

Gleichwohl gibt es immer noch Traditionelles zu entdecken: Weiter nach Osten hin stößt man auf das Arbeiterviertel Belleville, wo Edith Piaf, der „Spatz von Paris", geboren wurde, und auf den wohl berühmtesten Friedhof der Welt, dem Père Lachaise mit den Gräbern von Jim Morrison, Marcel Proust, Frédéric Chopin und Oscar Wilde.

Oben, unten, rechts unten:
Dem französischen Staatspräsidenten François Mitterrand, der große Gesten liebte, ist der grandiose Umbau des Louvre zu verdanken. Er setzte sich über alle Proteste und Unterschriftenaktionen hinweg und entschied sich fast im Alleingang für die gläserne Pyramide des amerikanischen Architekten Ieoh Ming Pei, der eine genauso praktische wie ästhetisch anspruchsvolle Eingangshalle geschaffen hat.

Rechts oben:
Zu den zahlreichen Herrschern, die am Louvre bauen gehörte auch Napoléon Bonaparte. Der kleine Korse ließ 1806 den Carrousel-Triumphbogen errichten und versuchte, das Ensemble durch einen nördlichen Trakt zu schließen.

Rechts Mitte:
Napoleon III. verfügte den Abriss von einem sich bis dahin noch im Innenhof des Louvre befindlichen mittelalterlichen Wohnquartier und vollendete das Werk seines Onkels mit neobarocken, zwei Höfe umschließenden Flügelbauten. Pei überspannte die Innenhöfe mit gewölbten Glasdächern. Der größte von ihnen beherbergt herausragende Exponate der französischen Plastik des 17. Jahrhunderts.

Oben und unten:
Mehr als 30 000 Besucher pilgern täglich zu dem berühmten Frauentrio Mona Lisa, Venus von Milo und Nike von Samothrake. Während der letzten 1998 abgeschlossenen Umbauarbeiten wurde die Ausstellungsfläche des Louvre für 6,9 Milliarden Francs verdoppelt. Die Gesamtlänge der Korridore beträgt 1,7 Kilometer; insgesamt sind rund 30 000 Werke des 350 000 Kunstwerke umfassenden Bestandes auf einer Fläche von mehr als 60 000 Quadratmetern ständig ausgestellt.

*Zu den beliebtesten
Abteilungen der
Besucher zählen neben
den antiken
Sammlungen auch der
Rubenssaal und die ita-
lienischen Skulpturen.*

Oben und unten:
Die Tuilerien zählen zu den beliebtesten und größten Gartenanlagen von Paris. Ihre Gestaltung stammt weitgehend auf André Le Nôtre, den Gartenbaumeister Ludwigs XIV. Typisch für Le Nôtre, der die Gartenarchitektur des Barock- *zeitalters maßgeblich geprägt hat, ist das Spannungsverhältnis zwischen großen Terrassen und kleinräumigen Arrangements, das durch Rondells, Wasserbassins und Statuen aufgelockert wurde.*

Rechts oben:
Zu den barocken Putten
des Jardin des Tuileries
haben sich längst
zahlreiche moderne
Skulpturen gesellt.

**Rechts Mitte und
unten:**
Die anfangs umstritte-
nen schwarz-weiß

gestreiften Säulen von
Daniel Buren gehören
mittlerweile als unver-
zichtbarer Bestandteil
zum Palais Royal. Das
kleine angrenzende
Gartengeviert erscheint
wie eine kleine Oase in
der Hektik der Groß-
stadt. Der Palast, der
früher dem Herzog von

Orléans gehörte, war
lange Zeit eine berüch-
tigte Lasterhöhle. Balzac
beschrieb das Palais
Royal als „Tempel des
käuflichen Gewerbes", zu
dem die Freuden-
mädchen nach Anbruch
der Nacht aus allen
Teilen von Paris eilten.

51

*Der 1833 auf der Place
de la Concorde aufge-
stellte Obelisk von Luxor
ist ein Geschenk des
ägyptischen Vizekönigs;
der Transport und die
Aufstellung des 230
Tonnen schweren und
knapp 23 Meter hohen
Monuments galt damals
als ein Triumph techni-
schen Könnens.
Ursprünglich gehörte der
Obelisk zu einem Tempel
von Ramses II. in Theben.*

Oben:
Die Place de la Concorde diente einst auch als Hinrichtungsstätte, stand hier doch die Guillotine, unter deren revolutionärem Fallbeil nicht nur König Ludwig XVI., sondern weitere 1342 Verurteilte ihr Leben lassen mussten.

Links:
Der verschnörkelte, zur Weltausstellung von 1900 konstruierte Pont Alexandre III ist eine der schönsten Pariser Brücken.

Unten:

Der Schriftsteller Wolfgang Koeppen empfand die Pariser Métro als einen „Olymp unter der Stadt, die Wohnung ihrer Götter, die sich auf wundervollen Reklamegemälden allem Volk offenbaren". Und wie die Métrostation Concorde beweist, besitzt jede dieser Wohnungen einen ganz persönlichen Stil.

Oben:
*Zahlreiche Pariser
Métroeingänge strahlen
noch den verspielten
Charme der Jahrhundert-
wende aus. An der
Métrostation Abbesses
ist ein original erhalte-
nes Wetterschutzdach
zu bewundern, das von
Hector Guimard, dem
französischen Meister
des Jugendstils, entwor-
fen wurde.*

Unten:
Das anlässlich der Welt-
ausstellung von 1900
errichtete Grand Palais
präsentiert sich als

Kreuzung aus barocken
Stilelementen und tech-
nischer Euphorie. Mit
anderen Worten: ein
typischer Bau der Belle

Epoque. Unter Kunst-
liebhabern ist das Grand
Palais bekannt dafür,
immer wieder große
Retrospektiven von re-

nommierten Künstlern
zu zeigen.

Seite 58/59:
Eine Besichtigung des
Eiffelturms gehört zum
Pflichtprogramm eines

Parisbesuchs. Bis heute
haben sich mehr als 170
Millionen Menschen in
die Schlange vor den

Aufzügen eingereiht, um
aus 274 Meter Höhe
über Paris zu schauen.

Seite 60/61:
Ein Triumphbogen nach antikem Vorbild schien Napoleon gerade recht, um seinen imperialen Machtanspruch architektonisch zum Ausdruck zu bringen. Allerdings erlebte der selbster-nannte Kaiser der Franzosen die Fertig-stellung des Denkmals nicht mehr. Erst unter dem Bürgerkönig Louis-Philippe wurde der Triumphbogen 1836 vollendet.

Links und unten:
Die Place Vendôme mit ihrem achteckigen Grundriss ist einer der vornehmsten Plätze von ganz Paris, der architek-tonisch vor allem durch seine Geschlossenheit und seine harmonischen

*Proportionen besticht.
Seinen optischen Fix-
punkt erhielt der Platz
durch Napoleon, der
1810 zur Erinnerung an
die siegreiche Schlacht
von Austerlitz aus den
erbeuteten Kanonen die
44 Meter hohe Colonne*

*Vendôme gießen und in
der Mitte des Platzes auf-
stellen ließ. Der Trajans-
säule in Rom nachemp-
funden, verherrlichen
die Bronzereliefs die
napoléonische Kriegs-
kunst.*

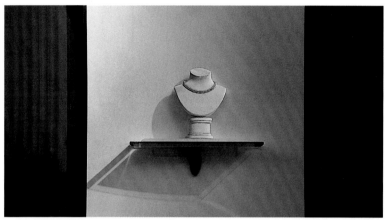

Oben:
*Da sich rund um die
Place Vendôme mehrere
Juweliere, darunter
Cartier, niedergelassen
haben, kann man durch-
aus von dem wohl
teuersten Platz der Stadt*

*sprechen. Ebenfalls an
der Place Vendôme liegt
das legendäre Hotel
Ritz, dessen Bar Ernest
Hemingway persönlich
von den deutschen
Besatzern befreit haben
will.*

Mit ihrem verschwende-
rischen Dekor zählt die
Opéra Garnier zu den
Prachtbauten des
Zweiten Kaiserreiches.
Den 1861 ausgeschrie-
benen Wettbewerb gewann
der damals 36jährige
Architekt Charles
Garnier, der mit einer
ungewohnten ornamen-
talen Fülle den „Stil
Napoleon III." erfand.
Die Oper, die 1900 Sitze
aus rotem Samt be-
herbergt, entwickelte
sich alsbald zu einer
„Kathedrale der
Bourgeoisie" (Théophile
Gautier).

Links unten:
Vor der Südfassade der Kirche Saint-Eustache ruht die von Henri de Miller geschaffene über- dimensionale Skulptur „Ecoute".

Rechts:
Um einen größtmöglichen Freiraum zu schaffen, wurden sämtliche Installationen wie Nervenstränge an der Rückseite des Centre Pompidou angebracht. Von seinen Kritikern wurde das Centre verächtlich als „Raffinerie", „Kühlschrank" oder „Chemiefabrik" verhöhnt, von seinen Bewunderern hingegen als technologische Poesie gerühmt.

Unten:
Die Fonatine Stravinsky, ein farbenfroh-verspielter Brunnen, der von Niki de Saint-Phalle und Jean Tinguely entworfen wurde, erfreut sich nicht nur bei den Kindern großer Beliebtheit.

Seite 68/69:
Die futuristische Rolltreppe des Centre Pompidou zieht sich wie eine Glasraupe am Gebäude hinauf und bietet einen phantastischen Blick auf die Dächer von Paris.

Mit seinen zahlreichen
Cafés, Boutiquen und
Feinkostgeschäften
gehört das Marais zu den
lebendigsten Vierteln
von Paris, wo es sich bei
einem Café ganz vor-
trefflich philosophieren
lässt. In der Rue des
Rosiers sind traditionell
gekleidete Juden ein all-
tägliches Bild.

Seite 72/73:

Die von Häusern aus roten Ziegeln und weißen Bruchsteinen gesäumte Place des Vosges strahlt eine faszinierende Atmosphäre aus. Die kleinen, intimen Arkaden ziehen sich wie Logen um das grüne Geviert, das einst als Turnierfeld diente. Viele Schriftsteller, Alphonse Daudet, Georges Simenon und Victor Hugo haben an der Place des Vosges gewohnt. Heute können sich nur noch gut betuchte Pariser ein Appartement an der Place des Vosges leisten, zu deren erlesenem Kreis auch Jack Lang, Malraux' Nachfolger als Kulturminister, gehört.

Großes Bild und unten:
Das Bastille-Viertel ist seit fast zwei Jahrzehnten eine der festen Koordinaten im Pariser Nachtleben. Die Szenekneipen und -restaurants sind naturgemäß einem steten Wandel unterworfen. Tagsüber laden die zahlreichen Passagen und Hinterhöfe des Viertels, in denen noch viele Möbelschreiner und Polstereien zu finden sind, zu Entdeckungstouren ein.

Links:
Die markante, mitten auf der Place de la Bastille stehende Colonne de Juillet gedenkt nicht der glorreichen französischen Revolution von 1789, sondern erinnert an den Aufstand von 1830, der den Bürgerkönig Louis-Philippe auf den Thron brachte. In einer Krypta am Fuß der Säule fanden rund 700 Revolutionsopfer ihre letzte Ruhestätte. Heute wird der Platz allerdings mehr von der wuchtigen gläsernen Fassade der Opéra de la Bastille als von dem auf der Spitze der 47 Meter hohen Säule thronenden „Genius der Freiheit" dominiert.

DOUBLE SERUM

Links:

Mit ihrer imposanten
Jugendstil-Glaskuppel
sind die Galeries
Lafayette längst in den
Kreis der Pariser Sehens-
würdigkeiten aufgestie-
gen. Jeder berühmte
Modemacher und jeder
berühmte Kosmetik-
hersteller hat hier seinen
„Altar".

Oben:

Paris ist die
Welthauptstadt der
Haute Couture. Die
breite Angebotspalette
reicht von exklusivem
Luxus der Modeschöpfer
Dior, Escada, Valentino
und Christian Lacroix
bis hin zu den avantgar-
distischen Kreationen
eines Jean-Paul Gaultier.

Links und unten:
Während der Regierungszeit von König Franz I. erhielt Paris ein Rathaus (Hôtel de Ville) im Stil der Renaissance. Nachdem 1871 die Kommunarden das Rathaus in Brand gesteckt hatten, kamen die Renovierungsarbeiten einem Neubau im Neorenaissancestil gleich. In den Mauernischen sind Plastiken berühmter in Paris geborener Persönlichkeiten aufgestellt. Allerdings war das Rathaus seit der Revolution „verwaist", erst 1977 zog mit Jacques Chirac wieder ein Bürgermeister ein.

Oben:

Im Laufe des 19. Jahrhunderts entstanden weit mehr als 150 Ladenpassagen, die zu den unauffälligen, aber dennoch sehr charakteristischen Merkmalen der Pariser Architektur dieser Epoche gehören.

Glücklicherweise sind noch etwa 20 Passagen erhalten, die auch heute noch nichts von ihrem Reiz verloren haben, hierzu gehören die Galerie Colbert (ganz oben) und die Galerie Vivienne (oben) mit ihren geometrischen

Mosaikböden. Im Gegenteil: diesen „Zaubersälen" (Ludwig Börne) haftet ein besonderer nostalgischer Charme an, der einen Einkaufsbummel zum kulturellen Erlebnis werden lässt.

Über den byzantinisch angehauchten Stil der Kirche lässt sich vortrefflich streiten, das schönste an Sacré-Cœur ist sicherlich der Ausblick von der Kuppel.

Nachdem 237 Treppenstufen bewältigt sind, liegt ganz Paris zu Füßen! Der Blick reicht vom Invalidendom, über den Eiffelturm bis nach La Défense.

Die Basilika Sacré-Cœur ist ein Symbol für die zutiefst reaktionäre Geisteshaltung der 1870er Jahre, als Frankreich religiös und politisch am Boden lag. Als weithin sichtbares Zeichen der nationalen Sühne sollte die strahlend weiße Kirche an die Niederlage im deutschfranzösischen Krieg von 1870/71 und die Verbrechen während der darauffolgenden Pariser Kommune erinnern. Mit diesen „Verbrechen" war allerdings weniger das Niedermetzeln der Aufständischen durch die Regierungstruppen gemeint, sondern in erster Linie der Aufstand an sich.

PARIS DER MALER

Wie keine andere Metropole der Welt hat Paris die moderne Kunst geprägt. Ob Impressionismus, Symbolismus, Fauvismus, Kubismus oder Surrealismus – ihr Ursprung liegt an der Seine.

Sicherlich, die Impressionisten, wie beispielsweise Monet, holten sich ihre Anregungen vorzugsweise an den lichtdurchfluteten Küsten der Normandie, doch es war das Pariser Atelier des Photographen Nadar, in welchem Claude Monet 1874 zusammen mit den Werken befreundeter Künstler sein Gemälde „Impression,

Soleil Levant" („Impression, Die aufgehende Sonne"), auf dem der Hafen von Le Havre im Morgennebel zu sehen ist, ausstellte. Ein Kunstkritiker zeigte sich von der Ausstellung wenig begeistert und verhöhnte die Maler in Anlehnung an Monets Bild als „Impressionisten".

Rund vier Jahrzehnte später war es wieder ein Journalist, der im Anschluß an eine Pariser Ausstellung den Namen einer Stilrichtung prägte. Der Kritiker war über die Bilder einer Gruppe von Malern, zu der auch der junge Henri Matisse gehörte, so entsetzt, dass er die Künstler als „Fauves" („Wilde Tiere") bezeichnete. Der Fauvismus wurde schon bald von einer neuen Stilrichtung, dem Kubismus, abgelöst. „Les Demoiselles d'Avignon", eines der Hauptwerke des sich durch eine neue Wahrnehmungsweise auszeichnenden Kubismus,

Links:
*Claude Monets Gemälde „Impression, Soleil Levant" wurde zum Namengeber einer ganzen Kunstrichtung. Nach einem spektakulären Kunstraub war es für mehrere Jahre verschol-*len, mittlerweile ist das Bild wieder im Pariser Musée Marmottan zu bewundern.*

Oben und rechts:
Henri de Toulouse-Lautrec war die wohl schillerndste Persönlichkeit, die sich um die Jahrhundertwende im Künstlermilieu des Montmartre bewegte. Seine Plakate für das Moulin Rouge fangen die frivole Stimmung, die in den Tanzlokalen herrschte, auf eine subtile Weise ein.*

KUBISTEN UND WILDE TIERE

stammte von einem jungen Spanier, der bis zum Zweiten Weltkrieg zum ungekrönten König der Pariser Kunstszene aufstieg: Pablo Picasso. Zusammen mit Max Ernst, Hans Arp, Joan Miró, Salvador Dalí, Yves Tanguy und Marcel Duchamp gehörte Picasso auch zu den führenden Vertretern des Surrealismus, der letzten Kunstströmung, die in Paris ihre Wurzeln hatte.

Bei Betrachtung dieser unterschiedlichen Namen drängt sich die Behauptung auf, dass es keinen bedeutenden Maler gab, der zwischen der Belle Epoque und dem Zweiten Weltkrieg nicht irgendwann am Montmartre oder Montparnasse gelebt und gearbeitet hat. Amedeo Modigliani und Fernand Léger bewegten sich genauso in den Pariser Künstlerkreisen wie Robert Delaunay und Georges Braque, nicht zu vergessen Henri de Toulouse-Lautrec. Der Abkömmling eines uralten französischen Adelsgeschlechts ist ein Sonderfall. Mehr als jeden anderen Maler hat Toulouse-Lautrec die Lasterhaftigkeit der französischen Hauptstadt geradezu magisch angezogen. In dem Halbweltmilieu von Tingeltangel und Bordells fand er die Modelle und Sujets, die dank seiner Kunstfertigkeit unsterblich wurden. So wurde Toulouse-Lautrecs Stammlokal, das Moulin Rouge, erst durch seine Plakate zu einer Pariser Institution, und wer würde sich noch an die damals berühmte Tänzerin La Goulue erinnern, hätte Toulouse-Lautrec sie nicht gemalt?

Nicht nur in der Moderne, auch schon in vergangenen Zeiten übte die Seinemetropole und ihre ländliche Umgebung, die sogenannte Ile de France, eine besondere Anziehungskraft auf die Maler aus. Zur Zeit der Renaissance waren es die Angehörigen der Schule von Fontainebleau. In der Mitte des 19. Jahrhunderts lebten im nahen Barbizon die großen Landschaftsmaler Corot, d'Aubigny, Millet und Théodor Rousseau.

Ebenfalls im Pariser Dunstkreis, genau genommen in dem Städtchen Auvers-sur-Oise, verbrachte Vincent van Gogh die letzten 70 Tage seines Lebens. Vor ihm hatten bereits Pisarro, Monet, Cézanne und Renoir dort gemalt und auch van Gogh war von dem Ort angetan: „Auvers ist sehr schön, viele alte Strohdächer unter anderem, das wird allmählich rar", schrieb er an seinen Bruder Theo. Innerhalb weniger Wochen hielt van Gogh die Straßen und Häuser von Auvers mehrfach auf der Leinwand fest, darunter auch das berühmte Bild der Dorfkirche, das im Pariser Musée d'Orsay zu bewundern ist.

Seite 84/85:

*Das Moulin Rouge, die „rote Mühle", ist seit
Toulouse-Lautrecs Zeiten das legendäre
Etablissement auf dem Montmartre. Abend für
Abend besuchen mehrere hundert Zuschauer die
Geburtsstätte des French Cancan.*

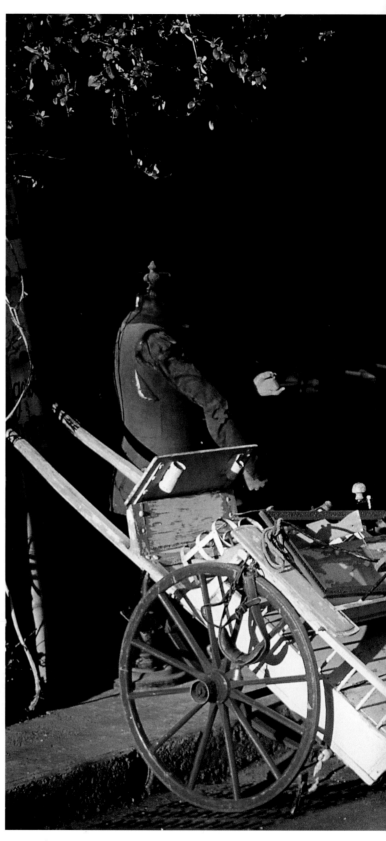

*Der Marché aux Puces
ist der größte und
berühmteste Flohmarkt
der Stadt. Für Trödel-
freunde sind die sich
über mehrere Kilometer
erstreckenden Stände
ein wahres El Dorado.
Zwischen alten Uhren,*
*Kochtöpfen und diversen
Nippes kann man sich
auf die Suche nach der
verlorenen Zeit begeben.*

Der Cimetière Père-Lachaise ist der wohl berühmteste Friedhof der Welt. Um die unter akutem Platzmangel leidenden Pariser Friedhöfe zu entlasten, wurde 1804 im Pariser Nordosten der später auf eine Fläche von 47 Hektar erweiterte Friedhof eröffnet. Sein Name erinnert an Pater (Père) de la Chaise, den Beichtvater Ludwig XIV., der hier auf einem einst dem Jesuitenorden gehörenden Landgut gelebt hat. Im Laufe der Zeit ist eine richtige Totenstadt mit Totenalleen und Totenhäusern entstanden.

Zu den berühmtesten Toten von Père-Lachaise gehören die Schriftsteller Balzac, Proust, Molière, Paul Eluard und Oscar Wilde, die Komponisten Bizet, Rosini und Chopin, die Maler Pissarro, Delacroix und Modigliani und andere bedeutende Persönlichkeiten wie Sarah Bernhardt, Colette, Yves Montand und Edith Piaf.

Links:

La Géode ist eine der größten Attraktionen im Wissenschaftspark von la Villette: Hinter den 6433 polierten und zu einer futuristischen Kugel geformten Stahlplatten verbirgt sich ein Kino mit 400 Sitzplätzen und einer 180-Grad-Leinwand mit einer Größe von 1000 Quadratmetern.

Oben:

Auf dem Gelände des ehemaligen Pariser Schlachthofs gestaltete Bernhard Tschumi von 1987 – 1991 einen 30 Hektar großen Park, der den Erfordernissen des 21. Jahrhunderts entsprechend mehr für Aktivitäten als für Ruhe und Erholung bestimmt ist. Die historische Grande Halle Mitte), eine kühne Metallkonstruktion, wurde unterDenkmalschutz gestellt und in den modernen Wissenschaftspark integriert. Zu den ansprechendsten Bauten gehört die von dem Stararchitekten Christian de Portzamperc in Zusammenarbeit mit dem Komponisten und Dirigenten Pierre Boulez geschaffene Cité de la Musique (unten).

Genau genommen ist der Eiffelturm ein „lebendes" Monument. Je nach Temperatur variiert seine Höhe um bis zu 15 Zentimeter. Bei heftigen Winden schwankt die Turmspitze bis maximal 12 Zentimeter. Gustav Eiffel, der nur 1,65 Zentimeter große Namensgeber, hat sich über dem Eingang der obersten Plattform in 276 Metern Höhe ein kleines Labor und ein Kabinett zum Meditieren einbauen lassen.

Das linke Ufer der Seine ist das Viertel der Dichter und Denker. Die einstige Gelehrtensprache des Mittelalters gab dem Quartier Latin seinen Namen. Wer in Frankreich die höchsten akademischen Weihen erhalten will, muss das Quartier Latin nicht ein einziges Mal verlassen - eine Tradition, die bis heute lebendig geblieben ist. Die berühmtesten Lehranstalten des Landes sind nur einen Steinwurf voneinander entfernt, so das Elitegymnasium Lycée Henri IV., die Ecole Normale Supérieure wie auch das altehrwürdige Collège de France, in dem Michel Foucault und Claude Lévi-Strauss lehrten. Ihre letzte Ruhestätte finden die großen Denker im Panthéon, dem hehren Ruhmestempel der Grande Nation, wo auch Voltaire, Rousseau und Zola begraben liegen.

Jenseits des Boulevard Saint Michel liegt Saint-Germain-des-Prés, das Viertel der Existentialisten. Hier traf sich in den fünfziger Jahren die intellektuelle Avantgarde Europas. Jean-Paul Sartre und Simone de Beauvoir diskutierten im „Café de Flore", Boris Vian und Juliette Gréco sorgten für die nötige Stimmung in den Jazz-Kellern des Viertels: Il n'y a plus d'après / A Saint-Germain-des-Prés / Plus d'après-demain / Plus d'après-midi / Il n'y a qu' aujourd'hui.

Noch heute ist Saint-Germain-des-Prés das Pariser Viertel, in dem die meisten Schriftsteller und Intellektuellen wohnen. Die Kaffeepreise im „Flore" sowie im benachbarten „Les Deux Magots" sind allerdings nur noch Bestsellerautoren zuzumuten. Die alteingesessenen Buchhandlungen kämpfen ums Überleben, Edelboutiquen und Luxusläden drängen ins Viertel. Wo sich in der Buchhandlung Le Divan unlängst noch philosophische Literatur auf den Präsentiertischen stapelte, preist nun Dior seine neueste Kollektion an. Der Modemacher ist in guter Gesellschaft. Cartier, Armani, Gucci und Louis Vuitton machen im Schatten der Kirche Saint-Germain-des-Prés ebenfalls stattliche Umsätze.

Unten:
Das Musée d'Orsay war das große Projekt der Ära Giscard d'Estaing. Der damalige französische Staatspräsident lancierte die Idee, in dem stillgelegten Prachtbahnhof aus der Belle Epoque ein Kunstmuseum des 19. Jahrhunderts einzurichten, damit der Louvre seine, bis dahin größtenteils in den Magazinen „versteckten" Schätze ansprechend präsentieren kann.

Links:
Der Mailänder Architektin Gae Aulenti gelang es, das filigrane Bahnhofsgewölbe mit Hilfe von postmodernen, raumgliedernden Elementen zu einer einzigartigen Ausstellungshalle zu verschmelzen. Gezeigt wird Kunst, einschließlich Architektur und Photographie aus der Zeit von 1848 bis 1914, also von der französischen Romantik bis zum Ende des Impressionismus.

Seite 96/97:
Der Pont de la Concorde führt direkt auf die klassizistische Fassade der französischen Nationalversammlung (Assemblée Nationale), die als Pendant zur am rechten Seineufer gelegenen Madeleine-Kirche geplant wurde.

Der Eiffelturm, dieses eindrucksvolle technische Monument des 19. Jahrhunderts, besteht aus insgesamt 18 000 Eisenteilen, die von 2,5 Millionen Nieten zusammengehalten werden. Eine vergoldete Büste von Gustave Eiffel steht am Fuße eines der vier Sockelpfeiler. Von der obersten Plattform des Eiffelturms bietet sich ein 70 Kilometer weiter Panoramarundblick über die Ile de France.

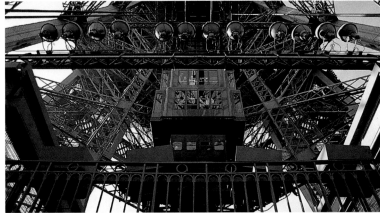

DER EIFFEL T[...]

Der Eiffelturm ist das Pariser Wahrzeichen schlechthin. Als leuchtende Metapher ragt der Turm in den nächtlichen Himmel der Seinemetropole und zeugt vom Glanz des 19. Jahrhunderts, als die Grande Nation mit der Weltausstellung von 1889 ein Zeichen setzen wollte. Da diese mit dem 100-jährigen Jubiläum der Französischen Revolution zusammenfiel, schien der Bau des mit 300 Metern damals höchsten Turmes der Welt als monumentales Statussymbol vorzüglich geeignet.

Der Entwurf für den Turm stammte allerdings nicht von dem namensgebenden Gustave Eiffel, sondern von Maurice Koechlin und Emile Nouguier, zwei in seinem Unternehmen beschäftigten Ingenieuren. Eiffel, ein erfolgreicher Bauunternehmer, stand dem Projekt anfangs skeptisch gegenüber. Erst als der Architekt Stephen Sauvestre den Entwurf abänderte, indem er der Konstruktion durch Rundbögen und eine Dreiteilung im unteren Bereich mehr Leichtigkeit verlieh, erwachte Eiffels Interesse und er entschloss sich, das Projekt als Wettbewerbsvorschlag für die geplante Weltausstellung einzureichen. Das Komitee gab Eiffels verwegenem Turm gegenüber den Plänen von 700 Mitkonkurrenten den Vorzug, und so konnten im Januar 1887 die Arbeiten am Fundament in Angriff genommen werden.

Die filigrane Stahlkonstruktion des Eiffelturms ist fraglos eine Meisterleistung der Ingenieurskunst. So sind beispielsweise die Bögen zwischen den Grundpfeilern so kalkuliert, dass selbst unter extremsten Windbelastungen ein Umkippen durch das

Links:
Zur feierlichen Eröffnung des Eiffelturms stieg Gustave Eiffel (1832 – 1923) vorneweg die Wendeltreppe empor.

Rechts oben:
Die eigentliche Montage des Turms dauerte vom 10. August 1887 bis zum 12. März 1889. Im Durchschnitt wuchs

der Turm pro Monat um mehr als 15 Meter in die Höhe.

Eigengewicht des Turmes ausgeschlossen ist. Eine gewisse Skepsis von seiten des Komitees blieb jedoch und so musste sich Eiffel verpflichten, für sämtliche Schäden, die ein Einsturz des Turmes verursachen könnte, aufzukommen.

Am 31. März 1889 war es so weit: Gustave Eiffel kletterte – noch waren keine Aufzüge installiert – die 1710 Stufen hinauf, um die Trikolore auf der Spitze des Turmes zu hissen. Paris hatte ein neues Wahrzeichen! Der Turm, der ursprünglich nach 20 Jahren wieder demontiert werden sollte, entpuppte sich für Eiffel als wahre Goldgrube: Bereits bis zum Sommer 1889 pilgerten knapp zwei Millionen Menschen zu dem Monument, so dass die Baukosten von 7,4 Millionen Francs in kürzester Zeit durch die Eintrittsgelder gedeckt werden konnten.

Doch der Bau des Eiffelturms war alles andere als unumstritten. Wenige Tage nachdem die Arbeiten begonnen hatten, protestierten zahlreiche prominente Schriftsteller und Künstler, darunter Emile Zola, Alexandre Dumas und Guy de Maupassant, in einem öffentlichen Aufruf gegen den Bau „dieses Schandmals", das der Kulturkritiker Joris-Karl Huysmans geringschätzig als „hohlen Kerzenständer" bezeichnete. Auch der berühmte Schweizer Kulturhistoriker Jacob Burckhardt meldete sich zu Wort und sparte angesichts der bevorstehenden Weltausstellung nicht mit Kritik: „Mein spezieller Abscheu bei dieser Enterprise ist der Riesenturm, welcher offenbar als Reklame für die gedankenlosesten Tagdiebe von Europa, Amerika etc. zu wirken bestimmt ist."

Selbst nachdem die Arbeiter und Ingenieure vollendete Tatsachen geschaffen hatten, wollten die Kritiker nicht resignieren: Während Paul Verlaine keinen Umweg scheute, den Anblick des Eiffelturmes zu umgehen, verließ Maupassant Paris, um seinen Protest gegen den einem „Fabrikschlot" ähnelnden „Metallrumpf" zu unterstreichen. Da Maupassant wusste, dass er mit seiner Ablehnung auf verlorenem Posten stand, ließ er sich zu einem Festessen in das Restaurant des Turmes einladen, mit der Begründung, dass „ ...es der einzige Platz in Paris ist, wo man ihn nicht sieht."

Trotz anfänglicher Einwände hatten die Pariser Dichter und Maler den Eiffelturm schnell in ihr Herz geschlossen. Künstler wie beispielsweise Signac, Seurat, Dufy, Chagall und immer wieder Robert Delaunay ließen sich von der markanten Silhouette inspirieren und Guillaume Apollinaire sprach ehrfurchtsvoll von einer „Schäferin der Wolken".

Rechts:
Die Arbeiter hatten in der Bauphase einen beschwerlichen Weg zu bewältigen bis sie an ihrem Arbeitsplatz in luftiger Höhe angelangt waren. Einzig der Abstieg geschah in Windeseile, man rutschte die Leitern hinunter.

Der hehre Ruhmestempel der Grande Nation, das Panthéon, war von Ludwig XV. eigentlich als Gotteshaus zu Ehren der heiligen Genoveva in Auftrag gegeben worden. Der Architekt Soufflot entwarf einen von vier Schiffen eingerahmten Zentralbau in Form eines griechischen Kreuzes. Im dämmrig weihevollen Licht der Krypta, die sich unter der gesamten Fläche des Bauwerks erstreckt, fanden Rousseau, Voltaire, Hugo, Zola, weitere 65 „große Männer" und zwei Frauen ihre letzte Ruhestätte.

Nicht nur aufgrund seiner zentralen Lage und Ausdehnung, sondern vor allem wegen seines heiteren Flairs gehört der Jardin du Luxembourg zu den beliebtesten Parkanlagen der Stadt. Schon Diderot soll dem Charme des Gartens verfallen gewesen sein,

Rousseau wandelte den Vergil auswendig lernend über seine Pfade, während Guy de Maupassant und Anatole France ihn auf ihrem täglichen Schulweg durchquerten.

Rechts:

*Es soll ja Leute geben,
die nur deshalb nach
Paris fahren, um in der
Stadt der Mode ein
Kostüm von Dior oder
ein Parfüm von
L'Occitane zu erstehen.
Literaturliebhaber
fühlen sich hingegen in
den zahllosen
Buchhandlungen von
Saint-Germain wie im
Paradies.*

Links:

Im Herzen des Quartier Latin liegt die Rue Mouffetard, die sich von der Place de la Contrescarpe bis zur Eglise Saint-Médard erstreckt. Mit Ausnahme von Montag wird in der „Mouffe", wie sie von den Parisern liebevoll genannt wird, jeden Tag ein bunter Markt abgehalten.

Paris ist eine grüne Metropole. Mehr als 3000 Hektar Grünfläche sind über die Stadt verteilt, den größten Teil nehmen die ausgedehnten Waldparks Bois de Boulogne und Bois de Vincennes ein. Daneben gibt es noch weitere 400 öffentliche Parks, Gartenanlagen oder Promenaden, hier eine kleine Anlage beim Invalidendom.

Unten:

Zwischen dem Louvre
und dem Institut de
France erstreckt sich der
Pont des Arts über die
Seine. Auf den hölzernen
Planken der Brücke
finden regelmäßig
anspruchsvolle Kunst-
ausstellungen statt.

Oben:

Mit seiner vergoldeten Kuppel gehört der Invalidendom, der dem Petersdom in Rom nachempfunden ist, zu den markantesten Gebäuden am linken Ufer der Seine. Wie der Name Invalidendom erahnen lässt, dient die Kirche heute als Mausoleum. In einem roten Porphyrsarkophag liegen die Gebeine Napoleons, die 1840 von der Insel St. Helena hierher überführt wurden. Das sich direkt anschließende Hôtel des Invalides (unten) ließ der Sonnenkönig für die Veteranen seiner Armee im klassizistischen Stil errichten, um ihnen einen sorgenfreien Lebensabend zu ermöglichen. Voraussetzung für die Aufnahme war allerdings ein zehnjähriger Militärdienst.

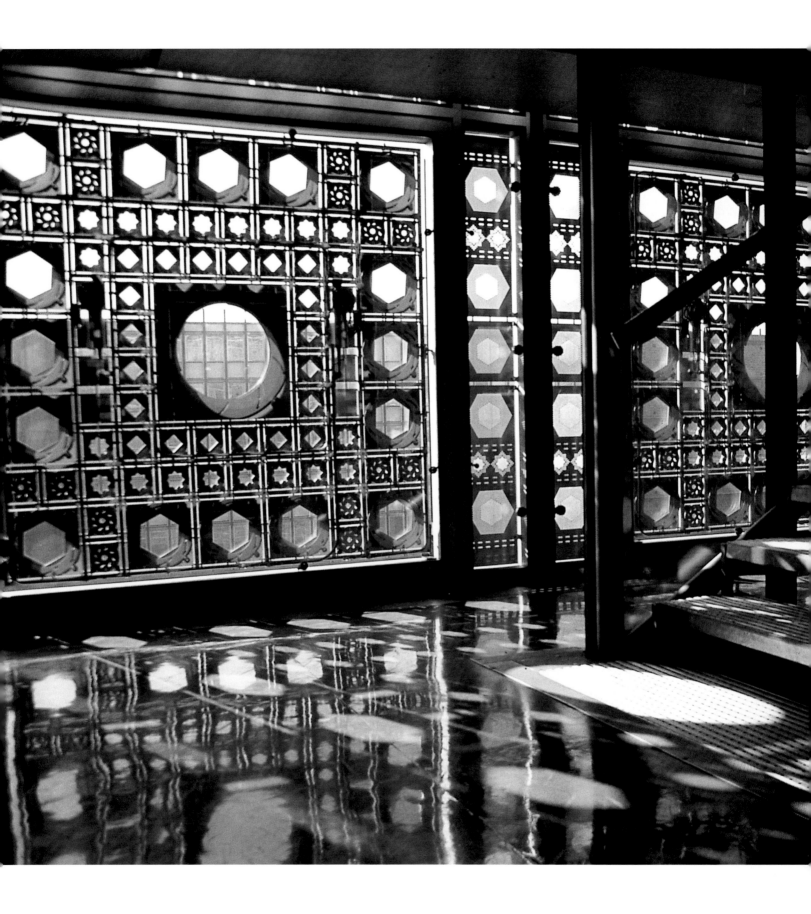

Jean Nouvel, einer der Pariser Stararchitekten, schuf 1987 das Institut du Monde Arabe als ein „Gebäude des Dialogs". Glas und Stahl sind die dominierenden Materialien, die klar strukturierte Fassade spielt mit den orientalischen Bautraditionen. Eine Besonderheit sind die 35 000 Metall-Ornamente an der Südfassade; sie sorgen für morgenländisches Flair und schützen vor der Sonne, da sie sich je nach Lichtintensität öffnen und schließen.

Dem Institut, zu dem ein Museum, ein Filmarchiv und eine Bibliothek gehören, ist eine Vermittlerrolle zwischen Frankreich und der arabischen Welt zugedacht. Von der Dachterrasse bietet sich eine phantastische Aussicht über die Seine bis hin zur Kathedrale Notre-Dame.

Seite 110/111:
La Défense ist das Symbol für das moderne Paris. Fernab der Seine entstand eine regelrechte Zitadelle aus Wolkenkratzern, in der inzwischen mehr als 100 000 Menschen arbeiten, weitere 30 000 wohnen in La Défense.

Architektonischer Glanzpunkt von La Défense is zweifellos die 110 Meter hohe Grande Arche. Die historische Achse, die bi dato vom Louvre über die Champs-Elysées bis zum Arc de Triomphe reichte, fand in diesem außergewöhnlichen Bauwerk einen krönenden Abschluss, der zu dem noch die Möglichkeit einer zukünftigen Verlängerung offenhält.

Links und unten:
Die Szenerie verdankt ihre futuristische Wirkung vor allem auch der unterirdischen Straßen- und Schienen- führung, die das Auto- mobil zum Fremdkörper werden lässt. Dies zeigt sich besonders eindrucks- voll auf der Esplanade de la Défense, wo mit Wasserspielen und zeit- genössischen Freiplas- tiken (Miró, Calder, César, etc.) optische Akzente gesetzt wurden.

113

Im 17. Jahrhundert residierten die französischen Adeligen auf ihren Schlössern in der Ile de France, dem französischen Herzland um Paris. Unter den zahlreichen Adelssitzen, die damals entstanden, ragt Vaux-le-Vicomte heraus. Der französische Finanzminister Nicolas Fouquet ließ sich das Schloss von dem Architekten Louis Le Vau errichten, für die Innenausstattung war

Charles Le Brun zuständig, während André Le Nôtre die Gartenanlagen gestaltete. Nach der Fertigstellung gab Fouquet am 17. August 1661 ein glanzvolles Einweihungsfest, zu dem auch Ludwig XIV. geladen war. Der gerade einmal 23 Jahre alte Sonnenkönig verblasste angesichts der Pracht vor Neid und suchte nach einer neuen Demonstration seiner Größe. Drei Wochen später hatte er einen Plan: Fouquet steckte er wegen „Plünderung" der Staatskassen bis zum Ende seines Lebens ins Gefängnis und die Herren Le Vau, Le Brun und Le Nôtre engagierte er für den Bau eines königlichen Schlosses.

Oben und links:
Wie kein anderer Machthaber seiner Epoche beherrschte Ludwig XIV. die Kunst der Selbstinszenierung. Die Stationen seines Leben sind in zahllosen Gemälden, Medaillen und Stichen dokumentiert worden.
Das berühmteste Ritual von Versailles war das „Lever" des Sonnenkönigs. Eine allmorgendliche Prozedur, während der sich Ludwig XIV. umgeben von zahlreichen Hofschranzen, die ihm beim Aufstehen behilflich waren und es sogar als Ehre empfanden, ihm die Schuhe binden zu dürfen, aus dem Bett erhob.

Anstatt den Pariser Louvre zu einer stattlichen Barockresidenz auszubauen, entschloss sich Ludwig XIV. für einen prunkvollen Neubau vor den Toren der Stadt. Als geeigneter Platz erschien ihm eine Landdomäne im Südwesten von Paris, wo bereits ein Jagdschlösschen seines Vaters stand. Die Lage war geschickt gewählt, bot sich so doch die Möglichkeit, eine gewisse Distanz nach Paris zu halten und gleichzeitig die Verbindung nicht abreißen zu lassen. Zug um Zug wurde Versailles in den folgenden Jahrzehnten zu einem Schloss mit gigantischen Ausmaßen erweitert. Allein durch seine Kosten und den Arbeitsaufwand sprengte Versailles den zeitgenössischen Rahmen: Zeitweilig war eine regelrechte Armee von 36 000 Arbeitern und 6000 Pferden auf der Baustelle beschäftigt. Die gesamten Baukosten entsprachen der durchschnittlichen Jahreseinnahme der französischen Krone.

Ludwig XIV. schwebte kein barockes Lustschloss vor. Das disziplinierte, rationale Kunstverständnis des Königs verlangte nach einem schlichten und zugleich kraftvollen Bau, dessen Besonderheit in seinen ausgewogenen Proportionen liegt. Wenn Ludwig es für nötig hielt, änderte er die Baupläne einfach ab. So ließ er die von Le Vau errichtete ungedeckte Terrasse in der Mitte des ersten Stockwerks in eine 75 Meter lange und 10 Meter breite Spiegelgalerie umbauen. Zusammen mit den Gärten, Statuen, Gemälden, Wasserspielen und Kapellen schufen der Sonnenkönig und seine Architekten aus Versailles ein Gesamtkunstwerk, das für den französischen Klassizismus richtungsweisend wurde.

Von dem Jahr 1682 an residierte der Hof Ludwigs XIV. ständig in Versailles, das der Sonnenkönig zum Zentrum seiner absolutistischen Herrschaft erkor, wobei er Architektur und Kunst geschickt zu nutzen wusste. Man denke nur an die Escalier des Ambassadeurs, die große Gesandtentreppe, mit welcher der König gleich beim Empfang ausländischer Botschafter seine Macht zum Ausdruck brachte. Ludwig XIV. versammelte die gesamte Elite der Nation, vom Dichter Jean Racine bis zum Marschall de Turenne, auf seinem Schloss. Der Hofstaat umfasste insgesamt 20 000 Menschen. Wer sich nun eine illustre Gesellschaft vorstellt, die sich zwischen Dekadenz und Luxus verliert, irrt: Das Leben in Versailles war nicht nur für die Dienerschaft hart und entbehrungsreich. Während des Winters 1695 gefroren auf der

königlichen Tafel Wein und Wasser in den Gläsern. Hinzu kam eine strenge Hofetikette, die den absolutistischen Anspruch bis ins kleinste Detail unterstrich. Selbst das Aufstehen und Zubettgehen des Königs wurde zeremoniell überhöht. Das französische Beispiel machte Schule: Der Hof von Versailles wurde innerhalb kürzester Zeit zum Vorbild fast aller europäischer Fürstenhäuser. Erreicht oder gar übertroffen wurde Versailles jedoch nicht.

Nach der Französischen Revolution lebte die Königsfamilie gezwungenermaßen wieder in Paris, das Mobiliar von Versailles wurde versteigert. Unter dem Bürgerkönig Louis-Philippe wurde das verwaiste Versailles zum Musée de l'Histoire de France umfunktioniert, dessen prunkvollen Spiegelsaal Wilhelm I. im Jahr 1871 für seine Krönung zum deutschen Kaiser nutzte. Im Jahr 1919, am Ende des Ersten Weltkriegs wurde schließlich am gleichen Ort der Friedensvertrag von Versailles unterzeichnet.

Rechts oben:
Das Gemälde von Anton Werner dokumentiert die von Bismarck betriebene Proklamation des Zweiten Deutschen Kaiserreichs im Spiegelsaal von Versailles am 18. Januar 1871.

Rechts unten:
Ebenfalls im Spiegelsaal wurde am 28. Juni 1919 der sogenannte „Versailler Vertrag" unterzeichnet, der Deutschland unter anderem zu Reparationszahlungen und der Abtretung aller Kolonien verpflichtete.

Seite 116/117:
Trotz seiner monumentalen Ausmaße erscheint Versailles als ein einheitliches Gebilde, das durch die klassische Strenge seiner Fassade zusammengehalten wird.

Rechts oben und unten:
Das Schlafzimmer Ludwigs XIV. sowie das Vorzimmer des Königs, in dem sich der Rat versammelte, gehen auf den „Marmorhof" hinaus, der zur Stadtseite durch ein vergoldetes Tor abgeschlossen ist.

Oben:

Die von André Le Nôtre geschaffenen Parkanlagen von Versailles gelten als die Krönung barocker Gartenbaukunst. Die architektonische Wirkung des Schlossbaus wurde durch das Zusammenspiel der Gärten, Terrassen, Wasserbassins und anderen Landschaftselementen noch erhöht. Geschickt weisen die Achsen ins Unendliche; kleine Details wie die venezianischen Gondeln auf dem Grand Canal, die Kaskaden oder die farblich abgestimmten Blumenbeete formten den Garten zu einem lebendigen Organismus.

Links:

Die Strenge der Anlage wird durch zahllose Details, darunter Skulpturen, Büsten und vergoldete Verzierungen aufgelockert.

Rechts:
Erst in seinen letzten Lebensjahren ließ Ludwig XIV. die Schlosskapelle errichten, die die übrigen Bauten von Versailles um ein paar Meter überragt. Die wertvollen Deckengemälde schaffen mit den weißen Steinmetzarbeiten ein harmonisches Raumgefüge.

Unten:
Der Spiegelsaal gilt als die Krönung von Versailles. 17 Fenster lassen das Licht auf die gegenüberliegenden Spiegel fallen, wodurch eine faszinierende Raumwirkung hervorgerufen wird. Zweimal wurde in dem zur Parkseite hinaus blickenden Saal deutsch-französische Geschichte geschrieben: Im Jahre 1871 wurde das deutsche Kaiserreich proklamiert, gewissermaßen als „Ausgleich" mussten dann die Deutschen 1919 am selben Ort den als demütigend empfundenen Vertrag von Versailles unterzeichnen.

Unten:
*Ein großer Teil der Aus-
stattung, vor allem das
Mobiliar, ging während
der Revolution verloren,
doch gibt es im Schloss
noch immer wertvolle
Marmorstatuen sowie
Decken- und Wandge-
mälde zu bewundern.*

REGISTER

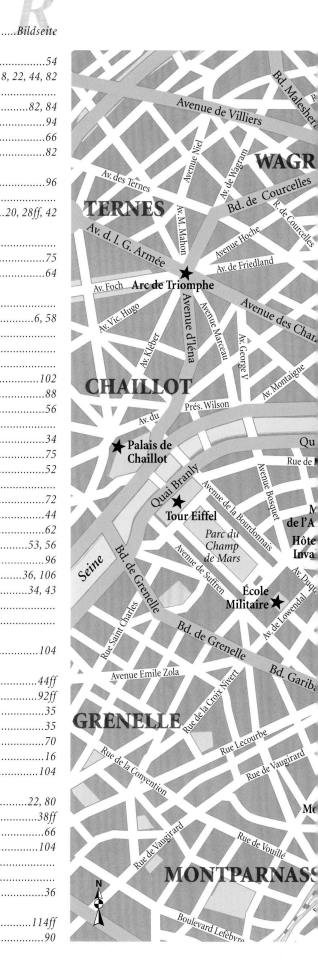

MONTMARTRE ★ Sacre Cœur

Bd. de Clichy
Bd. des Batignolles
Bd. d. Rochechouart
Boulevard de la Chapelle
Av. de Flandre
Avenue Jean Jaurès
Rue Petit
Bd. d'Indochine

Rue Legendre

Rue Manin
Parc des Buttes Chaumont
Rue de Crimée

Gare du Nord ★
Rue La Fayette
Rue d. Fbg. St. Martin
Bd. de la Villette

Gare St-Lazare ★
Rue de Londres
Rue de Châteaudun
Rue La Fayette
Boulevard de Magenta
Gare de l'Est ★
Av. Mathurin Moreau

Malesherbes

BELLEVILLE

Boétie
Bd. Haussmann
Bd. de la Villette
Rue de Belleville
Bd. de Belleville

Ste-Marie Madeleine ★
Opéra ★
Bd. des Italiens
Rue des Pyrénées

Rue Royale
Avenue de l'Opéra
Bourse ★
Bd. de Bonne Nouvelle
Bd. St-Martin
Rue du Faubourg du Temple
Av. Parmentier
Rue de Ménilmontant

Petit Palais
Place de la Concorde
Rue de Rivoli
Rue Réaumur
Bd. de Strasbourg
Place de la République
Avenue de la République
Bd. de Ménilmontant
Av. Gambetta

ine
Jardin des Tuileries
Rue Etienne Marcel
Palais Royal ★
Boulevard de Sébastopol
Rue de Turbigo
Bd. du Temple
Bd. Voltaire

Quai des Tuileries
R. St-Martin
Rue du Chemin Vert
Friedhof von Père Lachaise

mblée ionale ★
Quai Anatole France
Musée du Louvre ★
Rue de Rivoli
MARAIS
Bd. Beaumarchais

Bd. Saint Germain
Rue de l'Université
Seine
Musée Picasso ★
Rue de la Roquette

Rue de Grenelle
Sainte-Chapelle ★
Quai d. l'Hôtel de Ville
Rue de Rivoli
Bd. Richard Lenoir
Rue de la Roquette

St. Germain des Prés ★
Bd. Saint Germain
Île de la Cité
Hôtel de Ville
Place de la Bastille
Av. Ledru Rollin
Boulevard Voltaire
Av. Philippe Auguste
Bd. de Charonne

GERMAIN DES PRÉS
Bd. Raspail
Notre Dame ★
Quai de la Tournelle
Bd. Bourdon
Bd. de la Bastille
Opéra Bastille ★
Rue de Montreuil

QUARTIER LATIN
Rue de Vaigirard
Boulevard Saint Michel
Pont de Sully
Rue de Faubourg St. Antoine
Place de la Nation

Palais du Luxembourg ★
Rue Saint Jacques
Rue Monge
Quai Saint Bernard
BERCY
Boulevard Diderot

Jardin du Luxembourg
Panthéon ★
Quai de la Rapée
Gare de Lyon ★
Avenue Daumesnil
Rue de Reuilly

Bd. de Vaugirard
Bd. du Montparnasse
Jardin des Plantes
Musée National d'Histoire Naturelle ★
Seine

Bd. de Vaugirard
Friedhof Mont-parnasse
Bd. Raspail
Gare d'Austerlitz ★
Quai d'Austerlitz
Palais Omnisports ★
Bd. de Reuilly

Bd. de Port Royal
Rue Monge
Bd. de Saint Marcel
Quai de Bercy

Avenue du Maine
Boulevard Arago
Bd. de l'Hôpital
Quai de la Gare

Rue d'Alésia
Av. de Général Leclerc
Avenue René Coty
Bd. St-Jacques
Av. d. Gobelins
Bd. Vincent Auriol

Bd. Auguste
Blanqui
Bd. Poniatowski

Impressum

Bildnachweis
*Alle Bilder von Horst und Tina Herzig mit Ausnahme
von: S. 32/33 7 Abb., S. 82/83 5 Abb., S.100/101 8 Abb.,
S. 114/115 5 Abb., Archiv für Kunst und Geschichte,
Berlin.*

Buchgestaltung
hoyerdesign grafik gmbh, Freiburg

Karte
Fischer Kartografie, Fürstenfeldbruck

*Die Deutsche Bibliothek - CIP-Einheitsaufnahme
Reise durch Paris / Ralf Nestmeyer. Horst und Tina
Herzig. – Würzburg : Stürtz, 1999
ISBN 3-8003-0971-8*

Alle Rechte vorbehalten

*Printed in Germany
© 1999 Stürtz Verlag GmbH, Würzburg
© Fotos: Horst und Tina Herzig*

ISBN 3-8003-0971-8

Stürtz Verlag   Würzburg